AF452958

CHEMINS DE FER DE LA VENDÉE.

PROJET

DE

RÉGLEMENT

POUR LA COMPTABILITÉ

DU

SERVICE DE L'EXPLOITATION.

NANTES,

IMPRIMERIE CHARPENTIER, RUE DE LA FOSSE, 32.

1870.

PROJET DE RÉGLEMENT

POUR LA COMPTABILITÉ DE L'EXPLOITATION.

La comptabilité de l'exploitation a pour objet de constater les recettes et les dépenses du service de l'exploitation et de contrôler la gestion des agents.

La constatation des recettes et des dépenses s'obtient par la description sincère des opérations qui sont consignées sur les livres telles qu'elles se passent, dans l'ordre et à la date où elles se produisent. Toute autre combinaison de chiffre ou de date aurait l'inconvénient de compliquer la comptabilité en la soumettant à des formules diverses et variables, d'augmenter les chances d'erreur, d'entraver le contrôle et la vérification.

Le contrôle s'obtient par des combinaisons qui font que au moins deux agents, ayant des responsabilités opposées, participent à une même opération, et que la situation comptable d'un service peut être établie au moyen des comptes des autres services sans qu'on ait besoin de recourir aux écritures du service à vérifier. Ces combinaisons reposent sur ce fait qu'il ne peut y avoir un agent ou un compte qui donne, sans qu'un autre compte ou agent reçoive. Ainsi un agent ne peut être crédité sans qu'un autre agent, ayant accepté la dette, soit débité à sa place. Il en résulte comme conséquence que le total des crédits accordés aux agents est représenté par le total des débits acceptés par les agents. Cette balance, qui s'obtient' chaque jour, affirme la sincérité des opérations.

Les gestions dans lesquelles se produisent des mouvements de fonds étant celles sur lesquelles le contrôle doit être le plus actif, il y a avantage à centraliser le mouvement du numéraire en diminuant le plus possible le nombre et l'importance des agents encaisseurs, en sorte que l'agent chargé d'un service, de la tenue et de la responsabilité des comptes destinés à constater les recettes de ce service, n'ait pas de maniement de fonds.

GARES PRINCIPALES.

Tous les comptes d'une gare ou station sont en rapports directs avec tous les comptes des autres gares ou stations et avec tous les comptes du service central de l'exploitation, en sorte que, lorsqu'une opération donne lieu à une écriture quelconque sur un des comptes d'une gare ou station ou du service central, la contre-partie de cette écriture atteint directement, sans passer par un compte intermédiaire, le compte à la charge ou au profit duquel l'opération a été effectuée.

Toutes les opérations quelconques, sans aucune exception, sont consignées sur les livres à leur date et décrites comme elles se sont produites.

Dans les gares les plus importantes, des employés spéciaux sont placés à la tête de chaque division de service. Dans les autres gares, un seul employé peut être chargé de deux ou de plusieurs services réunis : dans ce dernier cas, l'agent tient tous les livres auxiliaires affectés à chaque service, mais n'a qu'un seul compte de liquidation pour tous les services qui lui sont confiés.

Les employés chargés d'un ou de plusieurs services sont responsables de la marche de ces services, des taxes et des opérations qu'ils effectuent, ainsi que de l'exactitude des comptes qui leur sont confiés.

Chaque gare principale comprend les services et tient les comptes suivants :

Service des Voyageurs. . . . . Compte des voyageurs.

Service des bagages et chiens. . { Compte des bagages et chiens et des bagages en consigne.

Service du contrôle à l'arrivée. { Compte des perceptions supplémentaires à l'arrivée et des encaissements sur bagages en consigne.

Service du départ grande vitesse. { Compte des encaissements au départ et des récépissés de grande vitesse.

Service de l'arrivée grande vitesse
- Compte des arrivages à domicile grande vitesse.
- Compte des arrivages en gare grande vitesse.
- Compte des ports au-delà de grande vitesse payés au départ.
- Compte des déboursés à l'arrivée grande vitesse.
- Compte de caisse de l'arrivée grande vitesse.

Service du départ petite vitesse.
- Compte des ports payés au départ petite vitesse.
- Compte des débours à présentation de petite vitesse.
- Compte des remboursements de petite vitesse.
- Compte des récépissés de petite vitesse.

Service de l'arrivée petite vitesse
- Compte des arrivages à domicile petite vitesse.
- Compte des arrivages en gare petite vitesse.
- Compte des ports au-delà de petite vitesse payés au départ.
- Compte des déboursés à l'arrivée petite vitesse.

Service du correspondant. . . . Compte du correspondant.
Service des litiges. . . . . . . Compte des litiges.
Service de la caisse principale. Compte de la caisse principale.

Service du liquidateur. . . . .
- Compte des débours à présentation de grande vitesse.
- Compte des remboursements de grande vitesse.
- Compte des débiteurs et créanciers divers

Tous ces comptes appartiennent au service intérieur de la gare; ils sont résumés chaque jour sur un compte de liquidation qui donne la situation générale de la gare.

En petite vitesse, tout le mouvement du numéraire est centralisé à la caisse principale, et les agents chargés des comptes n'ont aucun maniement de fonds. En grande vitesse, l'importance des services ne motive pas la dépense d'un caissier ; pour obvier aux inconvénients de cette situation, le caissier principal fait tous les paiements de la grande vitesse; et les comptes relatifs à ces paiements, c'est-à-dire les comptes de débours à présentation et de remboursements de grande vitesse, sont tenus par le liquidateur général qui n'a aucun maniement de fonds : les employés de la grande vitesse ne sont plus alors que de simples agents encaisseurs tenant des comptes de recettes contrôlés par les moyens ordinaires. C'est en vue d'obtenir ce même contrôle que les perceptions sur bagages en consigne sont effectuées par le contrôleur à l'arrivée, tandis que le compte est tenu par l'employé aux bagages.

VOYAGEURS.

Le receveur tient le compte des voyageurs au moyen des livres auxiliaires suivants :

    Carnet de distribution,
    Livre de recettes des voyageurs,
    Carnets de correspondances par voie de terre.

Le receveur est approvisionné de billets fixes pour certaines destinations soit de la compagnie, soit des compagnies étrangères en trafic direct, avec lesquelles la gare a des relations suivies ; pour les autres destinations en trafic direct, il est approvisionné de billets passe-partout. Tous les billets sont numérotés par séries. Les billets fixes étant numérotés par destination, le receveur les délivre successivement sans en prendre note. Les billets passe-partout sont à souche : au moment de la délivrance, le receveur inscrit la destination sur le billet et sur la souche. La souche des passe-partout en destination de la compagnie et des passe-partout en trafic direct à deux compagnies reste entre ses mains; la souche des passe-partout en trafic direct à trois compagnies accompagne le billet et est retirée par la compagnie du milieu ; dans ce dernier cas, le receveur inscrit au moment de la délivrance sur le carnet de distribution le numéro, la nature et la destination du billet. Ces souches et ce carnet lui servent à établir son livre de recettes en fin de journée.

Le livre de recettes des voyageurs comprend toutes les séries de billets soit pour la compagnie, soit pour les compagnies étrangères en trafic direct ; il est divisé en deux parties pour les billets fixes et les billets passe-partout. En fin de journée, le receveur porte dans la première colonne de chaque classe les numéros de billets commençant la journée comptable qui figurent dans la seconde colonne de la journée précédente. Il relève ensuite à son casier le numéro du premier billet à délivrer dans chaque série et le porte dans la seconde colonne : *Numéros commençant la journée suivante*. La différence entre ces deux numéros indique pour chaque série le nombre de billets délivrés dans la journée et figure dans la troisième colonne. Le produit des billets fixes est décompté par classe dans les colonnes de produit spéciales à chaque compagnie intéressée, pour la part afférente à ces compagnies. Les billets passe-partout sont inscrits isolément par destination à l'aide des souches et du carnet de distribution : le produit en est alors décompté comme pour les billets fixes.

Les carnets de correspondances par voie de terre sont composés de souches numérotées restant à la gare et de bulletins pareillement numérotés qui sont délivrés aux voyageurs pour les parcours de terre. En fin de journée, le receveur relève sur la souche de chaque carnet les bulletins délivrés et les sommes perçues pour les parcours de terre dont il doit être tenu compte aux correspondants.

Les livres auxiliaires sont arrêtés en fin de journée.

Le compte des voyageurs est tenu, au moyen des livres auxiliaires, sur un livre de liquidation. Le receveur inscrit sur ce livre :

Au DÉBIT.

1° *Par le crédit du compte des voyageurs, la part afférente à la compagnie sur les billets délivrés ;*

2° *Par le crédit des compagnies étrangères en trafic direct, la part afférente à ces compagnies sur les billets délivrés ;*

3° *Par le crédit des correspondants de la compagnie, les recettes effectuées pour les transports par voie de terre ;*

4° *Par le crédit des divers comptes du service central ou des gares, les redressements acceptés ou les opérations imprévues qui intéressent ces divers comptes.*

Au CRÉDIT.

1° *Par le débit de la caisse principale de la gare, le versement effectué à cette caisse ;*

2° *Par le débit des divers comptes du service central ou des gares, les redressements acceptés ou les opérations imprévues qui intéressent ces divers comptes.*

Le livre de liquidation est additionné et balancé. La balance, qui doit être représentée par du numéraire, est égale aux recettes de la journée augmentées du fonds de roulement. Afin de s'assurer de l'exactitude de cette balance, le receveur vérifie sa caisse et consigne cette vérification dans un cadre spécial sur le livre de liquidation.

Le receveur verse chaque jour à la caisse principale de la gare le montant de ses recettes de la veille et remet au liquidateur copie de son compte de liquidation en joignant à l'appui :

1° La copie de son livre de recettes avec les souches des billets passe-partout délivrés ;

2° Un bordereau des bulletins de correspondance délivrés.

BAGAGES ET CHIENS.

L'employé aux bagages tient le compte des bagages et chiens et des bagages en consigne au moyen des livres auxiliaires suivants :

Carnets d'enregistrement de bagages,
Carnets d'enregistrement de chiens,
Livre de perceptions sur bagages et chiens,
Carnet de consigne,
Livre de perceptions sur bagages en consigne.

Il y a autant de carnets d'enregistrement de bagages et de chiens que de compagnies en trafic direct. Ces carnets, qui comprennent la taxe entière du point de départ au point d'arrivée, répartie dans des colonnes spéciales pour la part afférente à chaque compagnie, se composent : d'une souche numérotée restant à la gare, de bulletins de bagages ou de chiens numérotés à remettre aux voyageurs, et d'autant de feuilles de route qu'il y a de compagnies traversées — ces feuilles de route sont destinées aux chefs de train de chaque compagnie. Il est établi par train autant de feuilles de bagages et de chiens qu'il y a de gares destinataires. Les souches sont additionnées après chaque train, et les produits, répartis dans les colonnes affectées aux compagnies intéressées.

En fin de journée, l'employé aux bagages relève, d'après les carnets d'enregistrement, par total de souches et dans l'ordre des trains, les perceptions effectuées qu'il inscrit au livre de perceptions sur bagages et chiens, en portant les produits dans les colonnes affectées aux compagnies intéressées.

Les dépôts de bagages en consigne sont constatés sur le carnet de consigne composé d'une souche et de deux bulletins numérotés : la souche reste à la gare, le premier bulletin reste attaché à la souche s'il n'est réclamé par le voyageur, le deuxième bulletin est apposé sur les colis en consigne. Les bulletins de consigne, retirés à la livraison, sont collés aux souches correspondantes.

En fin de journée, l'employé aux bagages relève, d'après les bulletins de consigne des colis livrés, les perceptions effectuées qu'il inscrit au livre de perceptions sur bagages en consigne.

Les livres auxiliaires sont arrêtés en fin de journée.

Le compte des bagages et chiens et des bagages en consigne est tenu, au moyen des livres auxiliaires, sur un livre de liquidation. L'employé inscrit sur ce livre :

<table>
<tr><td>

Au DÉBIT.

1° *Par le crédit du compte des bagages et chiens, la part afférente à la compagnie sur les enregistrements de bagages et de chiens;*

2° *Par le crédit du compte de magasinage, le produit des bagages en consigne;*

3° *Par le crédit des compagnies étrangères en trafic direct, la part afférente à ces compagnies sur les enregistrements de bagages et de chiens;*

4° *Par le crédit des divers comptes du service central ou des gares, les redressements acceptés ou les opérations imprévues qui intéressent ces divers comptes.*

</td><td>

Au CRÉDIT.

1° *Par le débit du service du contrôle à l'arrivée, les sommes perçues pour la consigne;*

2° *Par le débit de la caisse principale de la gare, le versement effectué à cette caisse;*

3° *Par le débit des divers comptes du service central ou des gares, les redressements acceptés ou les opérations imprévues qui intéressent ces divers comptes.*

</td></tr>
</table>

Le livre de liquidation est additionné et balancé. La balance, qui doit être représentée par du numéraire, est égale aux recettes de la journée augmentées du fonds de roulement. Afin de s'assurer de l'exactitude de cette balance, l'employé aux bagages vérifie sa caisse et consigne cette vérification dans un cadre spécial sur le livre de liquidation.

L'employé aux bagages verse chaque jour à la caisse principale de la gare le montant de ses recettes de la veille et remet au liquidateur copie de son compte de liquidation en joignant à l'appui :

1° La copie de son livre de perceptions sur bagages et chiens;

2° La copie de son livre de perceptions sur bagages en consigne.

CONTROLE A L'ARRIVÉE.

Le contrôleur tient le compte des perceptions supplémentaires à l'arrivée et des encaissements sur bagages en consigne, au moyen des livres auxiliaires suivants :

Livre de contrôle à l'arrivée,
Livre des encaissements sur bagages en consigne.

Les suppléments perçus sur les voyageurs, les bagages et les chiens à l'arrivée sont inscrits par train au livre de contrôle à l'arrivée.

Les encaissements sur bagages en consigne sont inscrits au fur et à mesure au livre des encaissements sur bagages en consigne.

Ces livres sont arrêtés en fin de journée.

Le compte des perceptions supplémentaires à l'arrivée et des encaissements sur bagages en consigne est tenu, au moyen des livres auxiliaires, sur un livre de liquidation. Le contrôleur inscrit sur ce livre :

Au DÉBIT.	Au CRÉDIT.
1° *Par le crédit du compte des bagages et chiens, les perceptions supplémentaires effectuées sur les voyageurs, les bagages et les chiens à l'arrivée;*	1° *Par le débit de la caisse principale de la gare, le versement effectué à cette caisse;*
2° *Par le crédit du service des bagages et chiens, les encaissements effectués sur bagages en consigne;*	2° *Par le débit des divers comptes du services central ou des gares, les redressements acceptés ou les opérations imprévues qui intéressent ces divers comptes.*
3° *Par le crédit des divers comptes du service central ou des gares, les redressements acceptés ou les opérations imprévues qui intéressent ces divers comptes.*	

Le livre de liquidation est additionné et balancé. La balance, qui doit être représentée par du numéraire, est égale aux recettes de la journée augmentées du fonds de roulement. Afin de s'assurer de l'exactitude de cette balance, le contrôleur vérifie sa caisse et consigne cette vérification dans un cadre spécial sur le livre de liquidation.

Le contrôleur verse chaque jour à la caisse principale de la gare le montant de ses recettes de la veille et remet au liquidateur copie de son compte de liquidation en joignant à l'appui :

1° La copie de son livre de contrôle à l'arrivée, avec les billets retirés;

2° Les feuilles de route et bulletins de bagages et de chiens remis à l'arrivée par les chefs de train et les voyageurs.

DÉPART GRANDE VITESSE.

L'employé au départ tient le compte des encaissements au départ et des récépissés, au moyen des livres d'expédition et des bordereaux d'expédition.

Les marchandises sont expédiées sur une déclaration qui indique si l'expédition a lieu en port payé ou en port dû, en gare ou à domicile, si elle est grevée de débours à présentation ou de remboursements, etc.

L'employé au départ, après avoir vérifié la sincérité de la déclaration, lui donne un numéro d'ordre, la taxe, et établit les récépissés pour l'expéditeur et le destinataire : il est responsable des taxes en port dû et en port payé. Si l'expédition est en port payé, il encaisse les frais de transport, de ports au delà et de récépissés timbrés. Si l'expédition est grevée d'un débours à présentation, il délivre à l'expéditeur un bon payable par la caisse principale de la gare. Si elle est grevée d'un remboursement, il établit un avis d'encaissement qui doit accompagner l'expédition et être retourné à la gare de départ.

par la gare de destination après encaissement du remboursement à l'arrivée.

L'employé au départ inscrit sur deux livres d'expédition
distincts les expéditions en destination de la compagnie et
celles en destination des compagnies étrangères en trafic
direct. Ces livres comprennent la taxe entière du point de
départ au point d'arrivée répartie dans des colonnes spéciales
pour la part afférente à chaque compagnie. Ils sont arrêtés en
fin de journée.

L'employé au départ inscrit également les expéditions sur
des feuilles de route à souches établies par destination et par
train. Les feuilles des expéditions en trafic direct à une ou
deux compagnies n'ont qu'une souche qui reste à la gare; les
feuilles des expéditions en trafic direct à trois compagnies ont
deux souches dont l'une reste à la gare et l'autre est retirée
par la compagnie du milieu. Ces feuilles, auxquelles sont
joints les récépissés pour les destinataires et les avis d'encaissement, accompagnent la marchandise jusqu'à destination.

Les souches conservées par l'employé au départ servent en
fin de journée à établir, pour chaque compagnie en trafic
direct, des bordereaux d'expédition par destination et par total
de feuilles. Les totaux de ces bordereaux sont contrôlés par
les totaux des livres d'expédition établis par ordre de remises
et par articles.

Le compte des encaissements au départ et des récépissés
est tenu, au moyen des livres et des bordereaux d'expédition,
sur un livre de liquidation. L'employé inscrit sur ce livre:

<table>
<tr><td>

Au DÉBIT.

1° *Par le crédit du compte
de marchandises en route, le
total des taxes, ports au delà
et récépissés payés au départ
sur les expéditions en destina-
tion de la compagnie;*

2° *Par le crédit des compa-
gnies étrangères d'arrivée en*

</td><td>

Au CRÉDIT.

1° *Par le débit du compte
de marchandises en route, les
récépissés suivis sur les expé-
ditions en destination de la
compagnie;*

2° *Par le débit des compa-
gnies étrangères d'arrivée en
trafic direct, les récépissés sui-*

</td></tr>
</table>

trafic direct, le total des taxes, ports au delà et récépissés payés au départ sur les expéditions en destination de ces compagnies ;

3° Par le crédit du compte général de récépissés, les récépissés timbrés envoyés en compte par le service central ;

4° Par le crédit des divers services de la gare, les réexpéditions effectuées par ordre de ces services ;

5° Par le crédit des divers comptes du service central ou des gares, les redressements acceptés ou les opérations imprévues qui intéressent ces divers comptes.

vis sur les expéditions en destination de ces compagnies ;

3° Par le débit du correspondant, les expéditions en port payé remises par le correspondant et dont le montant n'a pas été encaissé ;

4° Par le débit de la caisse principale de la gare, le versement effectué à cette caisse ;

5° Par le débit du liquidateur, les débours à présentation suivis sur les réexpéditions ;

6° Par le débit des divers comptes du service central ou des gares, les redressements acceptés ou les opérations imprévues qui intéressent ces divers comptes.

Le livre de liquidation est additionné et balancé. La balance doit être représentée par du numéraire et des récépissés. Afin de s'assurer de l'exactitude de cette balance, l'employé au départ vérifie sa caisse et ses récépissés, et consigne cette vérification dans un cadre spécial sur le livre de liquidation.

Les transports de service, ainsi que toutes les expéditions qui ne donnent pas lieu à une perception à l'arrivée à l'exception des transports administratifs à encaisser par le service central, sont effectués sans taxe. Les expéditions sans taxe n'ont lieu que pour le service de la compagnie et sur son réseau seulement : les transports de service en destination des compagnies étrangères sont établis dans la forme ordinaire et taxés du point de départ au point d'arrivée.

Les transports sans taxe sont effectués sur une réquisition délivrée à l'employé au départ par les agents autorisés ; cette réquisition, détachée d'un carnet à souche, sert de feuille de route et accompagne la marchandise.

Les expéditions sans taxe reçoivent des numéros d'ordre et

sont consignées sur un livre d'expédition spécial. Elles sont relevées en fin de journée sur un bordereau d'expédition spécial.

L'employé au départ verse chaque jour à la caisse principale de la gare le montant de ses recettes de la veille, et remet au liquidateur copie de son compte de liquidation, en joignant à l'appui :

1° Les bordereaux d'expédition avec les souches des feuilles de route ;

2° Le bordereau des expéditions sans taxe.

ARRIVÉE GRANDE VITESSE.

L'employé à l'arrivée tient :

Le compte des arrivages à domicile,
Le compte des arrivages en gare,
Le compte des ports au delà payés au départ,
Le compte des déboursés à l'arrivée,
Le compte de caisse de l'arrivée ;

Au moyen des bordereaux d'arrivages et des livres auxiliaires suivants :

Livre des arrivages à domicile,
Livre de débit des arrivages en gare,
Livre de crédit des arrivages en gare,
Livre des ports au delà payés au départ,
Livre des déboursés à l'arrivée,
Livre de caisse de l'arrivée.

Les marchandises sont reconnues à l'arrivée à l'aide des feuilles de route et des récépissés. Bien qu'il ne soit pas responsable des taxes, l'employé à l'arrivée doit autant que possible les examiner attentivement et rectifier les erreurs.

A l'aide des feuilles de route et des récépissés, l'employé à l'arrivée inscrit après chaque train les articles adressés à domicile sur le livre des arrivages à domicile. Ce livre est composé d'une souche et de bordereaux numérotés. Les bordereaux servent à la livraison : ils sont détachés de la souche et

remis avec les marchandises et les récépissés au correspondant
qui donne décharge sur la souche des marchandises reçues.
Après livraison, le correspondant rapporte les bordereaux
émargés par les destinataires : l'employé à l'arrivée arrête
alors ces bordereaux en indiquant sur chacun d'eux la somme
à verser en numéraire par le correspondant et celle dont il
doit prendre crédit au débit soit du service des litiges, soit du
compte des titres à recouvrer. Après réglement du correspondant avec la caisse principale de la gare et le service des
litiges, les bordereaux sont rapportés à l'employé qui les colle
aux souches correspondantes.

A l'aide des feuilles de route et des récépissés, l'employé à
l'arrivée inscrit après chaque train les articles adressés en
gare sur le livre des arrivages en gare. Il avertit ensuite les
destinataires par lettres d'avis détachées d'un carnet à souche.

Au fur et à mesure de l'encaissement et de la livraison, les
articles en gare sont consignés sur le livre de crédit des arrivages en gare qui reçoit l'émargement des destinataires : sur
ce livre sont également consignées en fin de journée les transmissions des articles en gare aux divers services de la gare et
au correspondant.

En fin de journée, l'employé établit à l'aide des feuilles de
route, par provenance et par total de feuilles, des bordereaux
d'arrivages pour chaque compagnie en trafic direct. Les totaux
réunis de ces bordereaux sont contrôlés par les totaux réunis
des livres d'arrivages en gare et à domicile.

Le compte des arrivages à domicile est tenu sur le livre des
arrivages à domicile. Ce compte est débité :

1° Par le crédit du compte de marchandises en route, des
frais grevant à l'arrivée les expéditions à domicile en provenance de la compagnie;

2° Par le crédit des compagnies étrangères de départ en
trafic direct, des frais grevant à l'arrivée les expéditions à
domicile en provenance de ces compagnies;

3° Par le crédit des divers comptes du service central
ou des gares, des redressements acceptés ou des opérations
imprévues qui intéressent ces divers comptes.

. Il est crédité :

1° Par le débit du correspondant, des frais grevant à l'arrivée les expéditions à domicile remises à ce correspondant ;

2° Par le débit des divers comptes du service central ou des gares, des redressements acceptés ou des opérations imprévues qui intéressent ces divers comptes.

Le livre des arrivages à domicile est additionné et balancé. La balance doit être représentée par les arrivages à domicile qui n'ont pas encore été remis au correspondant.

Le compte des arrivages en gare est tenu sur le livre de débit et le livre de crédit des arrivages en gare. Ce compte est débité :

1° Par le crédit du compte de marchandises en route, des frais grevant à l'arrivée les expéditions en gare en provenance de la compagnie ;

2° Par le crédit des compagnies étrangères de départ en trafic direct, des frais grevant à l'arrivée les expéditions en gare en provenance de ces compagnies ;

3° Par le crédit des divers comptes du service central ou des gares, des redressements acceptés ou des opérations imprévues qui intéressent ces divers comptes.

Il est crédité :

1° Par le débit du compte des titres à recouvrer, des transports administratifs que doit encaisser le service central ;

2° Par le débit du service du départ de la grande vitesse, des frais grevant à l'arrivée les articles en gare dont la réexpédition est demandée ;

3° Par le débit du service du départ de la petite vitesse, des frais grevant à l'arrivée les articles en gare dont la réexpédition est demandée, ainsi que des frais de retour des avis d'encaissement et des reprises des gares destinataires pour l'annulation totale ou partielle des remboursements de petite vitesse ;

4° Par le débit du correspondant, des frais grevant à l'arrivée les articles primitivement adressés en gare et dont la livraison est réclamée à domicile ;

5° Par le débit du service des litiges, des frais grevant à

l'arrivée les articles en gare dont la livraison ne peut être opérée ou qui ne sont pas réclamés dans les délais réglementaires;

6° Par le débit du liquidateur, des frais de retour des avis d'encaissement et des reprises des gares destinataires pour l'annulation totale ou partielle des remboursements de grande vitesse;

7° Par le débit de la caisse de l'arrivée, de l'encaissement des frais grevant à l'arrivée les articles en gare;

8° Par le débit des divers comptes du service central ou des gares, des redressements acceptés ou des opérations imprévues qui intéressent ces divers comptes.

Le livre de débit des arrivages en gare est balancé avec le livre de crédit. La balance doit être représentée par les arrivages en gare restant à livrer.

Le compte des ports au delà payés au départ est tenu sur le livre auxiliaire qui lui est affecté. Ce compte est débité :

1° Par le crédit du compte des sommes à restituer, des ports au delà non utilisés et des excédants de perception sur ports au delà dont il ne doit pas être tenu compte au correspondant;

2° Par le crédit du correspondant, des ports au delà, payés au départ sur les articles à domicile, qui figurent sur les bordereaux de livraison remis au correspondant;

3° Par le crédit des divers comptes du service central ou des gares, des redressements acceptés ou des opérations imprévues qui intéressent ces divers comptes.

Il est crédité :

1° Par le débit du compte de marchandises en route, des ports au delà payés au départ sur les expéditions en provenance de la compagnie;

2° Par le débit des compagnies étrangères de départ en trafic direct, des ports au delà payés au départ sur les expéditions en provenance de ces compagnies;

3° Par le débit des divers comptes du service central ou des gares, des redressements acceptés ou des opérations imprévues qui intéressent ces divers comptes.

Le livre des ports au delà payés au départ est additionné
et balancé. La balance doit être représentée par les ports
au delà payés au départ sur les articles qui n'ont pas encore
été remis au correspondant.

Le compte des déboursés à l'arrivée est tenu sur le livre
auxiliaire qui lui est affecté. Ce compte est débité :

1° Par le crédit de la caisse de l'arrivée, des timbres-poste
employés pour l'affranchissement des lettres d'avis et des
déboursés faits sur les marchandises à l'arrivée ;

2° Par le crédit des divers comptes du service central ou
des gares, des redressements acceptés ou des opérations imprévues qui intéressent ces divers comptes.

Il est crédité :

1° Par le débit du correspondant, des déboursés faits à
l'arrivée sur les marchandises remises à ce correspondant ;

2° Par le débit des divers services de la gare, des déboursés
faits à l'arrivée sur les marchandises remises à ces services ;

3° Par le débit de la caisse de l'arrivée, du recouvrement à
la livraison des timbres-poste employés pour l'affranchissement
des lettres d'avis et des déboursés faits sur les marchandises
en gare ;

4° Par le débit des divers comptes du service central ou des
gares, des redressements acceptés ou des opérations imprévues qui intéressent ces divers comptes.

Le livre des déboursés à l'arrivée est additionné et balancé.
La balance doit être représentée par les déboursés à l'arrivée
grevant les articles non livrés.

Le compte de caisse de l'arrivée est tenu sur le livre auxiliaire qui lui est affecté. Ce compte est débité :

1° Par le crédit du compte de magasinage, des frais de
magasinage perçus à la livraison, que l'employé à l'arrivée
relève sur le livre de crédit des arrivages en gare ;

2° Par le crédit du compte des arrivages en gare, de l'encaissement des frais grevant à l'arrivée les marchandises en
gare ;

3° Par le crédit du compte des déboursés à l'arrivée, du

recouvrement à la livraison des déboursés faits sur les marchandises à l'arrivée;

4° Par le crédit des divers comptes du service central ou des gares, des redressements acceptés ou des opérations imprévues qui intéressent ces divers comptes.

Il est crédité :

1° Par le débit de la caisse principale de la gare, du versement effectué à cette caisse par l'employé à l'arrivée;

2° Par le débit du compte des déboursés à l'arrivée, des timbres-poste employés pour l'affranchissement des lettres d'avis et des déboursés faits sur les marchandises à l'arrivée;

3° Par le débit des divers comptes du service central ou des gares, des redressements acceptés ou des opérations imprévues qui intéressent ces divers comptes.

Le livre de caisse de l'arrivée est additionné et balancé. La balance doit être représentée par du numéraire. Afin de s'assurer de l'exactitude de cette balance, l'employé à l'arrivée vérifie sa caisse et consigne cette vérification dans un cadre spécial sur le livre de caisse.

L'employé à l'arrivée établit la situation de son service sur un livre de liquidation, à l'aide des livres auxiliaires et des bordereaux d'arrivages. Il note les écritures de compte à compte qui se balancent entre elles et ne peuvent pour cette raison figurer sur le compte de liquidation, lequel ne doit comprendre que les opérations qui trouvent leur contre-partie dans les comptes des autres services de la gare ou dans les comptes des autres gares ou du service central.

L'employé inscrit sur le livre de liquidation :

Au DÉBIT.	Au CRÉDIT.
1° *Par le crédit du compte de magasinage, les magasinages perçus à la livraison et ceux grevant les articles transmis aux services de départ de grande et petite vitesse;*	1° *Par le débit du compte de marchandises en route, les ports au delà payés au départ sur les expéditions en provenance de la compagnie;*
2° *Par le crédit du compte*	2° *Par le débit des compagnies étrangères de départ en*

de marchandises en route, les frais grevant à l'arrivée les expéditions soit en gare soit à domicile en provenance de la compagnie;

3° Par le crédit des compagnies étrangères de départ en trafic direct, les frais grevant à l'arrivée les expéditions soit en gare soit à domicile en provenance de ces compagnies;

4° Par le crédit du compte des sommes à restituer, les ports au delà non utilisés et les excédants de perception sur ports au delà;

5° Par le crédit du correspondant, les ports au delà payés au départ dont il doit lui être tenu compte;

6° Par le crédit des divers comptes du service central ou des gares, les redressements acceptés ou les opérations imprévues qui intéressent ces divers comptes.

trafic direct, les ports au delà payés au départ sur les expéditions en provenance de ces compagnies;

3° Par le débit du compte des titres à recouvrer, les transports administratifs que doit encaisser le service central;

4° Par le débit du correspondant, le montant des bordereaux de livraison qui lui sont remis;

5° Par le débit de la caisse principale de la gare, le versement fait à cette caisse;

6° Par le débit des divers services de la gare, les frais grevant les articles transmis à ces services;

7° Par le débit des divers comptes du service central ou des gares, les redressements acceptés ou les opérations imprévues qui intéressent ces divers comptes.

Le livre de liquidation est additionné et balancé. L'employé y inscrit les soldes détaillés de tous ses comptes, et la balance de ces soldes doit représenter la balance générale de la liquidation.

Les marchandises transportées sans taxe sont reconnues à l'arrivée à l'aide des feuilles de route qui les accompagnent. Les expéditions sans taxe sont inscrites après chaque train sur un livre d'arrivages spécial qui reçoit à la livraison l'émargement des destinataires. Elles sont en fin de journée relevées sur un bordereau d'arrivages spécial.

L'employé à l'arrivée verse chaque jour à la caisse principale de la gare le montant de ses recettes de la veille, et remet au liquidateur copie de son compte de liquidation, en joignant à l'appui :

1° Les bordereaux d'arrivages avec les feuilles de route des expéditions taxées;

2° Le bordereau d'arrivages avec les feuilles de route des expéditions sans taxe;

3° Le bordereau des magasinages.

DÉPART PETITE VITESSE.

L'employé au départ n'a aucun maniement de fonds. Il tient :

Le compte des ports payés au départ,
Le compte des débours à présentation,
Le compte des remboursements,
Le compte des récépissés;

Au moyen des bordereaux d'expédition et des livres auxiliaires suivants :

Livres d'expédition,
Livre des ports payés au départ,
Livre des débours à présentation,
Livre des remboursements,
Livre des récépissés.

Les marchandises sont expédiées sur une déclaration qui indique si l'expédition a lieu en port payé ou en port dû, en gare ou à domicile, si elle est grevée de débours à présentation ou de remboursements, etc.

L'employé au départ, après avoir vérifié la sincérité de la déclaration, lui donne un numéro d'ordre, la taxe et établit les récépissés pour l'expéditeur et le destinataire. Il est responsable des taxes en port payé; bien qu'il ne soit pas responsable des taxes en port dû, il doit apporter le plus grand soin à l'établissement de ces taxes. Si l'expédition est en port payé, il délivre à l'expéditeur un bulletin indiquant le numéro d'expédition, la destination et la somme à payer à la caisse principale de la gare; ce bulletin, revêtu de l'acquit du caissier, est rendu par l'expéditeur à l'employé qui, seulement alors, délivre le récépissé. Si l'expédition est grevée d'un débours à présentation, l'employé délivre à l'expéditeur un bon payable par la caisse principale de la gare. Si l'expédition est grevée d'un remboursement, l'employé établit un avis d'encaissement qui doit accompagner l'expédition et être retourné à la gare de départ par la gare de destination après encaissement du remboursement à l'arrivée.

L'employé au départ inscrit sur deux livres d'expédition distincts les expéditions en destination de la compagnie et celles en destination des compagnies étrangères en trafic direct. Ces livres comprennent la taxe entière du point de départ au point d'arrivée répartie dans des colonnes spéciales pour la part afférente à chaque compagnie. Ils sont arrêtés en fin de journée.

L'employé au départ inscrit également les expéditions sur des feuilles de route à souches établies par destination et par train. Les souches sont conservées à la gare; les feuilles, auxquelles sont joints les récépissés pour les destinataires et les avis d'encaissement, accompagnent la marchandise jusqu'à destination.

Les souches conservées par l'employé au départ servent en fin de journée à établir, pour chaque compagnie en trafic direct, des bordereaux d'expédition par destination et par total de feuilles. Les totaux de ces bordereaux sont contrôlés par les totaux des livres d'expédition établis par ordre de remises et par articles.

Le compte des ports payés au départ est tenu sur le livre auxiliaire qui lui est affecté. Ce compte est débité :

1° Par le crédit du compte de marchandises en route, du total des taxes, ports au delà et récépissés payés au départ sur les expéditions en destination de la compagnie;

2° Par le crédit des compagnies étrangères d'arrivée en

trafic direct, du total des taxes, ports au delà et récépissés payés au départ sur les expéditions en destination de ces compagnies;

3° Par le crédit des divers comptes du service central ou des gares, des redressements acceptés ou des opérations imprévues qui intéressent ces divers comptes.

Il est crédité :

1° Par le débit du correspondant, des expéditions en port payé remises par le correspondant et dont le montant n'a pas été encaissé;

2° Par le débit de la caisse principale de la gare, des ports payés encaissés que l'employé au départ relève sur les bulletins acquittés par la caisse;

3° Par le débit des divers comptes du service central ou des gares, des redressements acceptés ou des opérations imprévues qui intéressent ces divers comptes.

Le livre des ports payés au départ est additionné et balancé. La balance doit être représentée par les ports payés dont l'expédition n'a pu avoir lieu le jour même de la remise.

Le compte des débours à présentation est tenu sur le livre auxiliaire qui lui est affecté. Ce compte est débité :

1° Par le crédit du correspondant, des débours à présentation suivis sur les expéditions remises par le correspondant;

2° Par le crédit de la caisse principale de la gare, des débours à présentation payés par cette caisse que l'employé relève sur les bons acquittés;

3° Par le crédit des divers services de la gare, des réexpéditions effectuées par ordre de ces services;

4° Par le crédit des divers comptes du service central ou des gares, des redressements acceptés ou des opérations imprévues qui intéressent ces divers comptes.

Il est crédité :

1° Par le débit du compte de marchandises en route, des débours à présentation suivis sur les expéditions en destination de la compagnie;

2° Par le débit des compagnies étrangères d'arrivée en trafic direct, des débours à présentation suivis sur les expéditions en destination de ces compagnies;

3° Par le débit des divers comptes du service central ou des gares, des redressements acceptés ou des opérations imprévues qui intéressent ces divers comptes.

Le livre des débours à présentation est additionné et balancé. La balance doit être représentée par les débours que n'ont pas réclamés les expéditeurs et par ceux grevant les marchandises dont l'expédition n'a pu avoir lieu le jour même de la remise.

Le compte des remboursements est tenu sur le livre auxiliaire qui lui est affecté. Ce compte est débité :

1° Par le crédit du service de l'arrivée de la grande vitesse, des frais de retour des avis d'encaissement et des reprises des gares destinataires pour l'annulation totale ou partielle des remboursements de petite vitesse;

2° Par le crédit de la caisse principale de la gare, des remboursements payés par cette caisse que l'employé relève sur les avis d'encaissement acquittés;

3° Par le crédit des divers comptes du service central ou des gares, des redressements acceptés ou des opérations imprévues qui intéressent ces divers comptes.

Il est crédité :

1° Par le débit du compte de marchandises en route, des remboursements suivis sur les expéditions en destination de la compagnie;

2° Par le débit des compagnies étrangères d'arrivée en trafic direct, des remboursements suivis sur les expéditions en destination de ces compagnies;

3° Par le débit des divers comptes du service central ou des gares, des redressements acceptés ou des opérations imprévues qui intéressent ces divers comptes.

Le livre des remboursements est additionné et balancé. La balance doit être représentée par les remboursements à payer aux expéditeurs, déduction faite des frais de retour des avis d'encaissement.

Le compte des récépissés est tenu sur le livre auxiliaire qui lui est affecté. Ce compte est débité :

1° Par le crédit du compte général de récépissés, des récépissés timbrés envoyés en compte par le service central;

2° Par le crédit des divers comptes du service central ou
des gares, des redressements acceptés ou des opérations imprévues qui intéressent ces divers comptes.

Il est crédité :

1° Par le débit du compte de marchandises en route, des
récépissés suivis sur les expéditions en destination de la compagnie;

2° Par le débit des compagnies étrangères d'arrivée en trafic direct, des récépissés suivis sur les expéditions en destination de ces compagnies;

3° Par le débit des divers comptes du service central ou des
gares, des redressements acceptés ou des opérations imprévues qui intéressent ces divers comptes.

Le livre des récépissés est additionné et balancé. La balance doit être représentée par les récépissés restant entre les
mains de l'employé au départ.

L'employé au départ établit la situation de son service
sur un livre de liquidation, à l'aide des livres auxiliaires et
des bordereaux d'expédition. Il note les écritures de compte à
compte qui se balancent entre elles et ne peuvent, pour cette
raison, figurer sur le compte de liquidation, lequel ne doit
comprendre que les opérations qui trouvent leur contre-partie
dans les comptes des autres services de la gare ou dans les
comptes des autres gares ou du service central.

L'employé inscrit sur le livre de liquidation :

Au DÉBIT.	Au CRÉDIT.
1° *Par le crédit du compte de marchandises en route, le total des taxes, ports au delà et récépissés payés au départ sur les expéditions en destination de la compagnie;*	1° *Par le débit du compte de marchandises en route, les récépissés, débours à présentation et remboursements suivis sur les expéditions en destination de la compagnie;*
2° *Par le crédit des compagnies étrangères d'arrivée en trafic direct, le total des taxes,*	2° *Par le débit des compagnies étrangères d'arrivée en trafic direct, les récépissés, dé-*

ports au delà et récépissés payés au départ sur les expéditions en destination de ces compagnies;

3° Par le crédit du compte général de récépissés, les récépissés timbrés envoyés en compte par le service central;

4° Par le crédit du service de l'arrivée de la grande vitesse, les frais de retour des avis d'encaissement et les reprises des gares destinataires pour l'annulation totale ou partielle des remboursements de petite vitesse;

5° Par le crédit du correspondant, les débours à présentation suivis sur les expéditions remises par le correspondant;

6° Par le crédit de la caisse principale de la gare, les débours à présentation et les remboursements payés par cette caisse;

7° Par le crédit des divers services de la gare, les réexpéditions effectuées par ordre de ces services;

8° Par le crédit des divers comptes du service central ou des gares, les redressements acceptés ou les opérations imprévues qui intéressent ces divers comptes.

bours à présentation et remboursements suivis sur les expéditions en destination de ces compagnies;

3° Par le débit du correspondant, les expéditions en port payé remises par le correspondant;

4° Par le débit de la caisse principale de la gare, les ports payés encaissés;

5° Par le débit des divers comptes du service central ou des gares, les redressements acceptés ou les opérations imprévues qui intéressent ces divers comptes.

Le livre de liquidation est additionné et balancé. L'employé y inscrit les soldes détaillés de tous ses comptes, et la balance

de ces soldes doit représenter la balance générale de la liquidation.

Les transports de service, ainsi que toutes les expéditions
qui ne donnent pas lieu à une perception à l'arrivée, à l'exception des transports administratifs à encaisser par le service
central, sont effectués sans taxe. Les expéditions sans taxe
n'ont lieu que pour le service de la compagnie et sur son réseau seulement : les transports de service en destination des
compagnies étrangères sont établis dans la forme ordinaire et
taxés du point de départ au point d'arrivée.

Les transports sans taxe sont effectués sur une réquisition
délivrée à l'employé au départ par les agents autorisés; cette
réquisition, détachée d'un carnet à souche, sert de feuille de
route et accompagne la marchandise.

Les expéditions sans taxe reçoivent des numéros d'ordre et
sont consignées sur un livre d'expédition spécial. Elles sont
relevées en fin de journée sur un bordereau d'expédition spécial.

L'employé au départ remet chaque jour au liquidateur
copie de son compte de liquidation, en joignant à l'appui :

1° Les bordereaux d'expédition avec les souches des feuilles
de route;

2° Le bordereau des expéditions sans taxe.

ARRIVÉE PETITE VITESSE.

L'employé à l'arrivée n'a aucun maniement de fonds. Il tient :

Le compte des arrivages à domicile,
Le compte des arrivages en gare,
Le compte des ports au delà payés au départ,
Le compte des déboursés à l'arrivée;

Au moyen des bordereaux d'arrivages et des livres auxiliaires suivants :

Livre des arrivages à domicile,
Livre de débit des arrivages en gare,
Livre de crédit des arrivages en gare,
Livre des ports au delà payés au départ,
Livre des déboursés à l'arrivée.

Les marchandises sont reconnues à l'arrivée à l'aide des feuilles de route et des récépissés. L'employé à l'arrivée est responsable des taxes en port dû; bien qu'il ne soit pas responsable des taxes en port payé, il doit examiner attentivement ces taxes et rectifier les erreurs.

A l'aide des feuilles de route et des récépissés, l'employé à l'arrivée inscrit, après chaque train, les articles adressés à domicile sur le livre des arrivages à domicile. Ce livre est composé d'une souche et de bordereaux numérotés. Les bordereaux servent à la livraison : ils sont détachés de la souche et remis, avec les marchandises et les récépissés, au correspondant qui donne décharge, sur la souche, des marchandises reçues. Après livraison, le correspondant rapporte les bordereaux émargés par les destinataires; l'employé à l'arrivée arrête alors ces bordereaux, en indiquant sur chacun d'eux la somme à verser en numéraire par le correspondant et celle dont il doit prendre crédit au débit soit du service des litiges, soit du compte des titres à recouvrer. Après réglement du correspondant avec la caisse principale de la gare et le service des litiges, les bordereaux sont rapportés à l'employé qui les colle aux souches correspondantes.

A l'aide des feuilles de route et des récépissés, l'employé à l'arrivée inscrit, après chaque train, les articles adressés en gare sur le livre des arrivages en gare. Il avertit ensuite les destinataires par lettres d'avis détachées d'un carnet à souche.

Au fur et à mesure de l'encaissement par la caisse principale de la gare, les articles en gare sont consignés par le caissier sur le livre de crédit des arrivages en gare qui reçoit l'émargement des destinataires : sur ce livre sont également consignées, en fin de journée, par l'employé à l'arrivée, les transmissions des articles en gare aux divers services de la gare et au correspondant.

Le compte des arrivages à domicile est tenu sur le livre des arrivages à domicile. Ce compte est débité :

1° Par le crédit du compte de marchandises en route, des frais grevant à l'arrivée les expéditions à domicile en provenance de la compagnie;

2° Par le crédit des compagnies étrangères de départ en trafic direct, des frais grevant à l'arrivée les expéditions à domicile en provenance de ces compagnies;

3° Par le crédit des divers comptes du service central ou des gares, des redressements acceptés ou des opérations imprévues qui intéressent ces divers comptes.

Il est crédité :

1° Par le débit du correspondant, des frais grevant à l'arrivée les expéditions à domicile remises à ce correspondant;

2° Par le débit des divers comptes du service central ou des gares, des redressements acceptés ou des opérations imprévues qui intéressent ces divers comptes.

Le livre des arrivages à domicile est additionné et balancé. La balance doit être représentée par les arrivages à domicile qui n'ont pas encore été remis au correspondant.

Le compte des arrivages en gare est tenu sur le livre de débit et le livre de crédit des arrivages en gare. Ce compte est débité :

1° Par le crédit du compte de marchandises en route, des frais grevant à l'arrivée les expéditions en gare en provenance de la compagnie;

2° Par le crédit des compagnies étrangères de départ en trafic direct, des frais grevant à l'arrivée les expéditions en gare en provenance de ces compagnies;

3° Par le crédit des divers comptes du service central ou des gares, des redressements acceptés ou des opérations imprévues qui intéressent ces divers comptes.

Il est crédité :

1° Par le débit du compte des titres à recouvrer, des transports administratifs que doit encaisser le service central;

2° Par le débit des services du départ de grande ou de petite vitesse, des frais grevant à l'arrivée les articles en gare dont la réexpédition est demandée;

3° Par le débit du correspondant, des frais grevant à l'arrivée les articles primitivement adressés en gare et dont la livraison est réclamée à domicile;

4° Par le débit du service des litiges, des frais grevant à

l'arrivée les articles en gare dont la livraison ne peut être opérée ou qui ne sont pas réclamés dans les délais réglementaires;

5° Par le débit de la caisse principale de la gare, de l'encaissement des frais grevant à l'arrivée les articles en gare;

6° Par le débit des divers comptes du service central ou des gares, des redressements acceptés ou des opérations imprévues qui intéressent ces divers comptes.

Le livre de débit des arrivages en gare est balancé avec le livre de crédit. La balance doit être représentée par les arrivages en gare restant à livrer.

Le compte des ports au delà payés au départ est tenu sur le livre auxiliaire qui lui est affecté. Ce compte est débité :

1° Par le crédit du compte des sommes à restituer, des ports au delà non utilisés et des excédants de perception sur ports au delà dont il ne doit pas être tenu compte au correspondant;

2° Par le crédit du correspondant, des ports au delà, payés au départ sur les articles à domicile, qui figurent sur les bordereaux de livraison remis au correspondant;

3° Par le crédit des divers comptes du service central ou des gares, des redressements acceptés ou des opérations imprévues qui intéressent ces divers comptes.

Il est crédité :

1° Par le débit du compte de marchandises en route, des ports au delà payés au départ sur les expéditions en provenance de la compagnie;

2° Par le débit des compagnies étrangères de départ en trafic direct, des ports au delà payés au départ sur les expéditions en provenance de ces compagnies;

3° Par le débit des divers comptes du service central ou des gares, des redressements acceptés ou des opérations imprévues qui intéressent ces divers comptes.

Le livre des ports au delà payés au départ est additionné et balancé. La balance doit être représentée par les ports au delà payés au départ sur les articles qui n'ont pas encore été remis au correspondant.

Le compte des déboursés à l'arrivée est tenu sur le livre auxi-'
liaire qui lui est affecté. Ce compte est débité :

1° Par le crédit de la caisse principale de la gare, des timbres-poste employés pour l'affranchissement des lettres d'avis
et des déboursés faits sur les marchandises à l'arrivée ;

2° Par le crédit des divers comptes du service central ou
des gares, des redressements acceptés ou des opérations imprévues qui intéressent ces divers comptes.

Il est crédité :

1° Par le débit du correspondant, des déboursés faits à l'arrivée sur les marchandises remises à ce correspondant ;

2° Par le débit de la caisse principale de la gare, du recouvrement à la livraison des timbres-poste employés pour
l'affranchissement des lettres d'avis et des déboursés faits sur
les marchandises en gare ;

3° Par le débit des divers services de la gare, des déboursés faits à l'arrivée sur les marchandises remises à ces
services ;

4° Par le débit des divers comptes du service central ou des
gares, des redressements acceptés ou des opérations imprévues qui intéressent ces divers comptes.

Le livre des déboursés à l'arrivée est additionné et balancé.
La balance doit être représentée par les déboursés à l'arrivée
grevant les articles non livrés.

L'employé à l'arrivée établit la situation de son service sur
un livre de liquidation, à l'aide des livres auxiliaires et des
bordereaux d'arrivages. Il note les écritures de compte à
compte qui se balancent entre elles et ne peuvent pour cette
raison figurer sur le compte de liquidation, lequel ne doit comprendre que les opérations qui trouvent leur contre-partie
dans les comptes des autres services de la gare ou dans les
comptes des autres gares ou du service central.

L'employé inscrit sur le livre de liquidation :

Au DÉBIT.	Au CRÉDIT.
1° *Par le crédit du compte de magasinage, les magasina-*	1° *Par le débit du compte de marchandises en route, les*

ges perçus à la livraison et ceux grevant les articles transmis aux services du départ de grande et de petite vitesse;

2° Par le crédit du compte de marchandises en route, les frais grevant à l'arrivée les expéditions soit en gare soit à domicile en provenance de la compagnie;

3° Par le crédit des compagnies étrangères de départ en trafic direct, les frais grevant à l'arrivée les expéditions soit en gare soit à domicile, en provenance de ces compagnies;

4° Par le crédit du compte des sommes à restituer, les ports au delà non utilisés et les excédants de perception sur ports au delà;

5° Par le crédit du correspondant, les ports au delà payés au départ dont il doit lui être tenu compte;

6° Par le crédit de la caisse principale de la gare, les affranchissements et déboursés faits par cette caisse pour le compte de l'arrivée;

7° Par le crédit des divers comptes du service central ou des gares, les redressements acceptés ou les opérations imprévues qui intéressent ces divers comptes.

ports au delà payés au départ sur les expéditions en provenance de la compagnie;

2° Par le débit des compagnies étrangères de départ en trafic direct, les ports au delà payés au départ sur les expéditions en provenance de ces compagnies;

3° Par le débit du compte des titres à recouvrer, les transports administratifs que doit encaisser le service central;

4° Par le débit du correspondant, le montant des bordereaux de livraison qui lui sont remis;

5° Par le débit de la caisse principale de la gare, le total des encaissements faits par cette caisse pour le compte de l'arrivée;

6° Par le débit des divers services de la gare, les frais grevant les articles transmis à ces services;

7° Par le débit des divers comptes du service central ou des gares, les redressements acceptés ou les opérations imprévues qui intéressent ces divers comptes.

Le livre de liquidation est additionné et balancé. L'employé y inscrit les soldes détaillés de tous ses comptes, et la balance

de ces soldes doit représenter la balance générale de la liquidation.

Les marchandises transportées sans taxe sont reconnues à
l'arrivée à l'aide des feuilles de route qui les accompagnent.
Les expéditions sans taxe sont inscrites, après chaque train,
sur un livre d'arrivages spécial qui reçoit à la livraison l'émargement des destinataires. Elles sont en fin de journée relevées
sur un bordereau d'arrivages spécial.

L'employé à l'arrivée remet chaque jour au liquidateur
copie de son compte de liquidation, en joignant à l'appui :
1° Les bordereaux d'arrivages avec les feuilles de route des
expéditions taxées ;
2° Le bordereau d'arrivages avec les feuilles de route des
expéditions sans taxe ;
3° Le bordereau des magasinages.

CORRESPONDANT.

Le correspondant est chargé de la livraison et de l'enlève-
ment des marchandises à domicile. Il est en compte courant
avec la gare, et a des rapports directs avec tous les comptes
des gares et du service central.

Le compte du correspondant est tenu sur un livre de liquidation. Le correspondant inscrit sur ce livre :

Au DÉBIT.	Au CRÉDIT.
1° Par le crédit des services du départ de grande et de petite vitesse, les expéditions en port payé qu'il remet à ces services ;	*1° Par le débit du compte des titres à recouvrer, les transports administratifs que doit encaisser le service central ;*
2° Par le crédit des divers services de la gare, le montant des bordereaux de livraison qui lui sont remis par ces services ;	*2° Par le débit des services de l'arrivée de grande et de petite vitesse, les ports au delà payés au départ dont il doit lui être tenu compte ;*
3° Par le crédit des divers comptes du service central ou	*3° Par le débit du service du*

des gares, les redressements ac-
ceptés ou les opérations impré-
vues qui intéressent ces divers
comptes.

départ de la petite vitesse, les
débours à présentation suivis
sur les expéditions qu'il remet
à ce service ;

4° Par le débit du service
des litiges, les frais grevant les
articles dont la livraison ne peut
être opérée ;

5° Par le débit de la caisse
principale de la gare, le verse-
ment effectué à cette caisse ;

6° Par le débit du liquida-
teur, les débours à présentation
suivis sur les expéditions de
grande vitesse ;

7° Par le débit des divers
comptes du service central ou
des gares, les redressements ac-
ceptés ou les opérations impré-
vues qui intéressent ces divers
comptes.

Le livre de liquidation est additionné et balancé.

Le correspondant verse chaque jour à la caisse principale de la gare le montant de ses encaissements de la veille, déduction faite de ses déboursés, et remet au liquidateur copie de son compte de liquidation, en joignant à l'appui les quittances des déboursés et les autres pièces dont il prend crédit.

LITIGES.

L'employé aux litiges n'a aucun maniement de fonds. Il tient le compte des litiges, au moyen des livres auxiliaires suivants :
Livre d'entrée des litiges,
Livre de sortie des litiges.

Les articles refusés ou non réclamés, ainsi que ceux qui

donnent lieu à des difficultés pour la livraison ou le recouvrement des frais, sont passés avec débit au service des litiges. L'employé aux litiges les inscrit sur le livre d'entrée où figure à part la remise de chaque service. Ce livre est additionné en fin de journée.

Au fur et à mesure de la livraison en gare ou du recouvrement des frais, les articles litigieux sont consignés sur le livre de sortie qui reçoit l'émargement des destinataires. L'employé délivre au destinataire un bulletin indiquant le détail des sommes à payer à la caisse principale de la gare ; ce bulletin, revêtu de l'acquit du caissier, est rendu par le destinataire à l'employé qui seulement alors délivre la marchandise. Les transmissions aux divers services de la gare, au correspondant et au service central sont consignées sur le livre de sortie en fin de journée et à part. En fin de journée, le livre de sortie est balancé avec le livre d'entrée.

Le compte des litiges est tenu, au moyen des livres auxiliaires, sur un livre de liquidation. L'employé inscrit sur ce livre :

<table>
<tr><td>

Au DÉBIT.

1° Par le crédit du compte de magasinage, les magasinages perçus à la livraison et ceux grevant les articles transmis aux divers services de la gare ;

2° Par le crédit du correspondant, les frais grevant les articles remis aux litiges par le correspondant ;

3° Par le crédit de la caisse principale de la gare, les déboursés faits sur les articles en litiges et les paiements opérés pour le service des litiges ;

4° Par le crédit des divers services de la gare, les frais gre-

</td><td>

Au CRÉDIT.

1° Par le débit du compte d'indemnités, les bons de retenue payés à ce titre sur les articles en litiges ;

2° Par le débit du compte des titres à recouvrer, les articles transmis au service central ;

3° Par le débit des services du départ de grande ou de petite vitesse, les frais grevant les articles en litige dont la réexpédition est demandée ;

4° Par le débit du correspondant, les frais grevant les articles en litige dont la livraison à domicile est demandée ;

</td></tr>
</table>

vant les articles transmis aux litiges par ces services ;

5° Par le crédit des divers comptes du service central ou des gares, les redressements acceptés ou les opérations imprévues qui intéressent ces divers comptes.

5° Par le débit de la caisse principale de la gare, les encaissements opérés pour le compte des litiges ;

6° Par le débit des divers comptes du service central ou des gares, les redressements acceptés ou les opérations imprévues qui intéressent ces divers comptes.

Le livre de liquidation est additionné et balancé. La balance doit être représentée par les articles litigieux restant à liquider.

L'employé aux litiges remet chaque jour au liquidateur copie de son compte de liquidation en joignant à l'appui :

1° Le bordereau des magasinages,

2° Les pièces concernant les articles transmis au service central.

<h3>CAISSE PRINCIPALE.</h3>

Le caissier principal encaisse et paie sur les indications et pour le compte des divers services des gares et du service central. Sa responsabilité est circonscrite à l'exactitude des sommes ainsi payées ou reçues. Il ne tient aucun compte en dehors de son compte de caisse.

Le caissier principal inscrit sur un livre de caisse ses opérations telles qu'elles se passent, dans l'ordre et à la date où elles se produisent. En fin de journée, ce livre est additionné et balancé. La balance doit être représentée par du numéraire. Afin de s'assurer de l'exactitude de cette balance, le caissier vérifie sa caisse et consigne cette vérification dans un cadre spécial sur le livre de caisse.

Le compte de la caisse principale est tenu, au moyen du

livre de caisse, sur un livre de liquidation. Le caissier inscrit sur ce livre :

Au DÉBIT.	**Au CRÉDIT.**
1° *Par le crédit des divers services de la gare, les versements effectués par ces services et les encaissements opérés pour leur compte;*	1° *Par le débit du compte des dépenses diverses, les timbres-poste délivrés au chef de gare et les menues dépenses de la gare;*
2° *Par le crédit des divers comptes du service central ou des gares, les redressements acceptés ou les encaissements faits pour ces comptes.*	2° *Par le débit de la caisse centrale de l'exploïtation, le versement fait à cette caisse;*
	3° *Par le débit du compte de mandats à payer, les mandats de la compagnie acquittés;*
	4° *Par le débit des divers services de la gare, les paiements opérés pour leur compte;*
	5° *Par le débit des divers comptes du service central ou des gares, les redressements acceptés ou les paiements faits pour ces comptes.*

Le livre de liquidation est additionné et balancé. La balance doit être égale à celle du livre de caisse.

Le caissier principal verse chaque jour à la caisse centrale de l'exploitation les sommes disponibles, et remet au liquidateur copie de son compte de liquidation avec les pièces de dépense et de recette à l'appui.

LIQUIDATEUR.

Le liquidateur n'a aucun maniement de fonds. Il tient :
    Le compte des débours à présentation de grande vitesse,
    Le compte des remboursements de grande vitesse,
    Le compte des débiteurs et créanciers divers de la gare;
    Au moyen des bordereaux d'expédition de grande vitesse et des livres auxiliaires suivants :

Livre des débours à présentation de grande vitesse,
Livre des remboursements de grande vitesse,
Livre des débiteurs et créanciers divers.

Le compte des débours à présentation de grande vitesse est tenu sur le livre auxiliaire qui lui est affecté. Ce compte est débité :

1° Par le crédit du service du départ de la grande vitesse, des débours à présentation suivis sur les réexpéditions en grande vitesse;

2° Par le crédit du correspondant, des débours à présentation suivis sur les expéditions de grande vitesse remises par le correspondant;

3° Par le crédit de la caisse principale de la gare, des débours à présentation de grande vitesse payés par cette caisse que le liquidateur relève sur les bons acquittés;

4° Par le crédit des divers comptes du service central ou des gares, des redressements acceptés ou des opérations imprévues qui intéressent ces divers comptes.

Il est crédité :

1° Par le débit du compte de marchandises en route, des débours à présentation de grande vitesse suivis sur les expéditions en destination de la compagnie;

2° Par le débit des compagnies étrangères d'arrivée en trafic direct, des débours à présentation de grande vitesse suivis sur les expéditions en destination de ces compagnies;

3° Par le débit des divers comptes du service central ou des gares, des redressements acceptés ou des opérations imprévues qui intéressent ces divers comptes.

Le livre des débours à présentation de grande vitesse est additionné et balancé. La balance doit être représentée par les débours que n'ont pas réclamés les expéditeurs et par ceux grevant les articles dont l'expédition n'a pu avoir lieu le jour même de la remise.

Le compte des remboursements de grande vitesse est tenu sur le livre auxiliaire qui lui est affecté. Ce compte est débité :

1° Par le crédit du service de l'arrivée de la grande vitesse, des frais de retour des avis d'encaissement et des reprises des gares destinataires pour l'annulation totale ou partielle des remboursements de grande vitesse;

2° Par le crédit de la caisse principale de la gare, des remboursements de grande vitesse payés par cette caisse que le liquidateur relève sur les avis d'encaissement acquittés;

3° Par le crédit des divers comptes du service central ou des gares, des redressements acceptés ou des opérations imprévues qui intéressent ces divers comptes.

Il est crédité :

1° Par le débit du compte de marchandises en route, des remboursements de grande vitesse suivis sur les expéditions en destination de la compagnie;

2° Par le débit des compagnies étrangères d'arrivée en trafic direct, des remboursements de grande vitesse suivis sur les expéditions en destination de ces compagnies;

3° Par le débit des divers comptes du service central ou des gares, des redressements acceptés ou des opérations imprévues qui intéressent ces divers comptes.

Le livre des remboursements de grande vitesse est additionné et balancé. La balance doit être représentée par les remboursements à payer aux expéditeurs, déduction faite des frais de retour des avis d'encaissement.

Le compte des débiteurs et créanciers divers de la gare est tenu sur le livre auxiliaire qui lui est affecté. Ce compte est débité :

1° Par le crédit de la caisse principale de la gare, des sommes payées par cette caisse, qui n'intéressent pas les comptes des gares ou du service central;

2° Par le crédit des divers comptes du service central ou des gares des redressements acceptés ou des opérations imprévues qui intéressent ces divers comptes.

Il est crédité :

1° Par le débit de la caisse principale de la gare, des sommes encaissées par cette caisse, qui n'intéressent pas les comptes des gares ou du service central;

2° Par le débit des divers comptes du service central ou

des gares, des redressements acceptés ou des opérations imprévues qui intéressent ces divers comptes.

Le livre des débiteurs et créanciers divers est additionné et balancé. La balance doit être représentée par les opérations non liquidées.

Le liquidateur établit la situation de son service sur un livre de liquidation, à l'aide des livres auxiliaires et des bordereaux d'expédition. Il note les écritures de compte à compte qui se balancent entre elles et ne peuvent, pour cette raison, figurer sur le compte de liquidation, lequel ne doit comprendre que les opérations qui trouvent leur contre-partie dans les comptes des autres services de la gare ou dans les comptes des autres gares ou du service central.

Le liquidateur inscrit sur le livre de liquidation :

Au DÉBIT.

1° *Par le crédit du service du départ de la grande vitesse, les débours à présentation suivis sur les réexpéditions en grande vitesse ;*

2° *Par le crédit du service de l'arrivée de la grande vitesse, les frais de retour des avis d'encaissement et les reprises des gares destinataires pour l'annulation totale ou partielle des remboursements de grande vitesse ;*

3° *Par le crédit du correspondant, les débours à présentation suivis sur les expéditions de grande vitesse remises par le correspondant ;*

4° *Par le crédit de la caisse principale, de la gare les débours à présentation et les remboursements de grande vitesse payés par cette caisse, ainsi*

Au CRÉDIT.

1° *Par le débit du compte de marchandises en route, les débours à présentation et remboursements suivis sur les expéditions de grande vitesse en destination de la compagnie ;*

2° *Par le débit des compagnies étrangères d'arrivée en trafic direct, les débours à présentation et remboursements suivis sur les expéditions de grande vitesse en destination de ces compagnies ;*

3° *Par le débit de la caisse principale de la gare, les encaissements faits par elle pour le compte des débiteurs et créanciers divers ;*

4° *Par le débit des divers comptes du service central ou des gares, les redressements acceptés ou les opérations im-*

que les paiements faits par elle pour le compte des débiteurs et créanciers divers ;

5° Par le crédit des divers comptes du service central ou des gares, les redressements acceptés ou les opérations imprévues qui intéressent ces divers comptes.

prévues qui intéressent ces divers comptes.

Le livre de liquidation est additionné et balancé. Le liquidateur y inscrit les soldes détaillés de tous ses comptes, et la balance de ces soldes doit représenter la balance générale de la liquidation.

Le liquidateur joint chaque jour aux liquidations des autres services de la gare, la copie de son compte de liquidation avec les pièces à l'appui.

En outre des comptes particuliers désignés ci-dessus, le liquidateur est chargé de tenir le compte général de liquidation de la gare qui résume toutes les opérations effectuées et donne la situation générale de la gare. Il établit ce compte au moyen des liquidations et pièces qui lui sont remises chaque jour par les différents services. A cet effet, il vérifie les liquidations des divers services et s'assure de la concordance des chiffres portés sur les liquidations et les pièces à l'appui. Il note les écritures de service à service qui se balancent entre elles et ne peuvent, pour cette raison, figurer sur le compte général de liquidation, ce compte ne devant comprendre que les opérations qui trouvent leur contre-partie dans les comptes des autres gares ou du service central.

La situation générale de la gare est établie sur un livre de liquidation générale. Le liquidateur inscrit sur ce livre :

Au DÉBIT.

1° Par le crédit du compte des voyageurs, la part afférente à la compagnie sur les billets de voyageurs délivrés ;

Au CRÉDIT.

1° Par le débit du compte d'indemnités, les bons de retenue payés à ce titre ;

2° Par le débit du compte

2° Par le crédit du compte des bagages et chiens, la part afférente à la compagnie sur les enregistrements de bagages et de chiens, et les perceptions supplémentaires effectuées sur les voyageurs, bagages et chiens à l'arrivée;

3° Par le crédit du compte de magasinage, le produit des bagages en consigne et les magasinages perçus sur les articles de grande et de petite vitesse;

4° Par le crédit du compte de marchandises en route, le total des ports payés au départ sur les expéditions de grande et de petite vitesse en destination de la compagnie, et le total des frais grevant à l'arrivée les expéditions de grande et de petite vitesse en provenance de la compagnie;

5° Par le crédit des compagnies étrangères en trafic direct, la part afférente à ces compagnies sur les billets de voyageurs délivrés et sur les enregistrements de bagages et de chiens, le total des ports payés au départ sur les expéditions de grande et de petite vitesse en destination de ces compagnies, et le total des frais grevant à l'arrivée les expéditions de grande et de petite vitesse en provenance de ces compagnies;

des dépenses diverses, les timbres-poste délivrés au chef de gare et les menues dépenses de la gare;

3° Par le débit de la caisse centrale de l'exploitation, le versement en numéraire fait à cette caisse;

4° Par le débit du compte de marchandises en route, les récépissés, débours à présentation et remboursements suivis sur les expéditions de grande et de petite vitesse en destination de la compagnie et les ports au delà payés au départ sur les expéditions de grande et de petite vitesse en provenance de la compagnie;

5° Par le débit des compagnies étrangères en trafic direct, les récépissés, débours à présentation et remboursements suivis sur les expéditions de grande et de petite vitesse en destination de ces compagnies, et les ports au delà payés au départ sur les expéditions de grande et de petite vitesse en provenance de ces compagnies;

6° Par le débit du compte de redressements, la balance au crédit des redressements acceptés par les divers services de la gare;

7° Par le débit du compte de mandats à payer, les mandats de la compagnie acquittés;

6° *Par le cédit du compte de redressements, la balance au débit des redressements acceptés par les divers services de la gare;*

7° *Par le crédit du compte général de récépissés, les récépissés timbrés de grande et de petite vitesse envoyés en compte par le service central;*

8° *Par le crédit du compte des sommes à restituer, le montant des ports au delà de grande et de petite vitesse payés au départ dont il n'a pas été tenu compte au correspondant;*

9° *Par le crédit des correspondants de la compagnie, les recettes effectuées sur les voyageurs pour les transports par voie de terre;*

10° *Par le crédit des divers comptes du service central ou des gares, les opérations imprévues qui intéressent ces divers comptes.*

8° *Par le débit du compte des titres à recouvrer, les articles transmis au service central;*

9° *Par le débit des divers comptes du service central ou des gares, les opérations imprévues qui intéressent ces divers comptes.*

Le livre de liquidation générale est additionné et balancé. Le liquidateur y inscrit les soldes détaillés des divers services de la gare, et la balance de ces soldes doit représenter la balance de la liquidation générale.

Le liquidateur envoie chaque jour au service central copie de son compte général de liquidation avec les bordereaux de liquidation des divers services de la gare et toutes les pièces à l'appui.

Après vérification des écritures, le service central transmet à la gare un compte de redressements. Le liquidateur est chargé de l'apurement de ce compte. A cet effet il transmet à tous les services de la gare les redressements qui les concernent; il fait la correspondance nécessaire au réglement de ces redressements, et en surveille la liquidation.

En fin de mois, le liquidateur établit, à l'aide d'un bordereau récapitulatif mensuel, une liquidation générale des opérations du mois. Cette liquidation est envoyée au service central avec le bordereau récapitulatif à l'appui.

AFFRANCHISSEMENT DES LETTRES.

Toute la correspondance de la gare est signée par le chef de gare qui est chargé de l'affranchissement des lettres. A cet effet, le chef de gare est approvisionné de timbres-poste qu'il prend contre reçu à la caisse principale de la gare. Il rend compte au service central à la fin de chaque mois de l'emploi de ces timbres.

SERVICE CENTRAL DE L'EXPLOITATION.

Le service central tient les comptes suivants :
    Compte des Recettes de l'exploitation,
    Compte des Dépenses de l'exploitation,
    Compte des Gares et Stations,
    Compte de la Caisse centrale de l'exploitation,
    Compte de Marchandises en route,
    Compte des Compagnies étrangères en trafic direct,
    Compte de Redressements,
    Compte des Débiteurs et Créanciers divers de l'exploitation.
Tous ces comptes sont en rapports directs avec tous les comptes des gares et stations; ils sont balancés chaque jour sur un tableau de balance générale des comptes.

CAISSE CENTRALE DE L'EXPLOITATION.

Le caissier central encaisse les versements des gares qui lui sont directement adressés et paie les mandats réguliers de la compagnie; en dehors de ces opérations, il ne paie et ne reçoit que sur les indications du chef de service. Sa responsabilité est circonscrite à l'exactitude des sommes ainsi payées ou reçues. Il ne tient aucun compte en dehors de son compte de caisse.

Le caissier central inscrit sur un livre de caisse ses opérations telles qu'elles se passent, dans l'ordre et à la date où elles se produisent. En fin de journée, ce livre est additionné et balancé. La balance doit être représentée par du numéraire. Afin de s'assurer de l'exactitude de cette balance, le caissier vérifie sa caisse et consigne cette vérification sur un livre spécial.

Le compte de la caisse centrale est tenu, au moyen du livre de caisse, sur un bordereau de liquidation. Le caissier inscrit sur ce bordereau :

Au DÉBIT.	Au CRÉDIT.
1° *Par le crédit des gares et stations, les versements effectués par ces gares et stations et les encaissements opérés pour leur compte;*	1° *Par le débit du compte de mandats à payer, les mandats de la compagnie acquittés;*
2° *Par le crédit des divers comptes du service central ou des gares, les redressements acceptés, les encaissements opérés pour ces comptes ou les opérations imprévues qui les intéressent.*	2° *Par le débit des divers comptes du service central ou des gares, les redressements acceptés, les paiements opérés pour ces comptes ou les opérations imprévues qui les intéressent.*

Le bordereau de liquidation est additionné et balancé. La balance doit être égale à celle du livre de caisse.

Le caissier central remet chaque jour au liquidateur général son bordereau de liquidation avec les pièces de dépense et de recette à l'appui.

En fin de mois, le caissier établit, à l'aide d'un bordereau récapitulatif mensuel, une liquidation générale de ses opérations du mois. Cette liquidation est remise au liquidateur général avec le bordereau récapitulatif à l'appui.

LIQUIDATEUR GÉNÉRAL.

Le liquidateur général n'a aucun maniement de fonds. Les pièces à l'appui des liquidations des gares et les pièces émanant des compagnies étrangères en trafic direct lui sont remises après vérification. Au moyen de ces pièces et des liquidations des gares et de la caisse centrale, le liquidateur général établit :

Le compte des Recettes de l'exploitation,

Le compte des Dépenses de l'exploitation,

Le compte des Gares et Stations,

Le compte des Marchandises en route,

Le compte des Compagnies étrangères en trafic direct,

Le compte de Redressements,

Le compte des Débiteurs et Créanciers divers de l'exploitation.

Le compte des recettes de l'exploitation comprend, sur un bordereau de liquidation spécial, les différentes nature de recettes qui ne nécessitent pas, pour le contrôle et la justification du solde, de liquidations particulières. Le liquidateur inscrit sur ce bordereau :

Au DÉBIT.	Au CRÉDIT.
1° Par le crédit du compte de redressements, les redressements au profit des différents services et l'annulation des redressements à la charge de ces services;	*1° Par le débit des gares et stations, la part afférente à la compagnie sur les billets délivrés et les enregistrements de bagages et de chiens effectués par ces gares, ainsi que le produit des perceptions supplémentaires et du magasinage;*
2° Par le crédit du compte de l'impôt du dixième, les sommes perçues pour le compte	

de l'Etat sur les voyageurs, bagages et chiens et articles de grande vitesse;

3° Par le crédit des divers comptes du service central ou des gares, les restitutions de surtaxes.

2° Par le débit du compte de marchandises en route, les taxes des expéditions de grande et de petite vitesse;

3° Par le débit des compagnies étrangères en trafic direct, la part afférente à la compagnie sur les billets délivrés et les enregistrements de bagages et de chiens effectués par ces compagnies étrangères ainsi que sur les taxes des expéditions de grande et de petite vitesse soit en port dû soit en port payé en provenance ou en destination de ces compagnies;

4° Par le débit du compte de redressements, les redressements à la charge des différents services et l'annulation des redressements au profit de ces services:

5° Par le débit des divers comptes du service central ou des gares, les recettes imprévues.

Le bordereau de liquidation des recettes de l'exploitation est additionné et balancé, le liquidateur général le joint aux autres bordereaux de liquidation de la journée.

Le compte des dépenses de l'exploitation comprend, sur un bordereau de liquidation spécial, les différentes natures de dépenses qui ne nécessitent pas, pour le contrôle et la justification du solde, de liquidations particulières. Le liquidateur inscrit sur ce bordereau :

Au DÉBIT.

1° Par le crédit du compte de mandats à payer, les man-

Au CRÉDIT.

1° Par le débit des divers comptes du service central ou

dats de dépenses de la compagnie;

2° Par le crédit des divers comptes du service central ou des gares, les dépenses effectuées par les différents services.

des gares, les recettes qui viennent en atténuation des dépenses.

Le bordereau de liquidation des dépenses de l'exploitation est additionné et balancé. Le liquidateur général le joint aux autres bordereaux de liquidation de la journée.

Le compte des gares et stations est tenu sur un bordereau de liquidation spécial. A l'exception des écritures de gare à gare qui se balancent entre elles et ne peuvent pour cette raison figurer sur la liquidation, ce compte récapitule :

Au DÉBIT.
Toutes les prises en charge des gares et stations.

Au CRÉDIT.
Tous les crédits pris par les gares et stations.

Le bordereau de liquidation des gares et stations est additionné et balancé. La balance doit être représentée par la balance générale des soldes des liquidations des gares et stations. Le liquidateur joint ce bordereau aux autres bordereaux de liquidation de la journée.

Les frais grevant les marchandises en cours de transport sont dues par ces marchandises et portés au *compte de marchandises en route.* Ce compte ne comprend que les expéditions en provenance et en destination de la compagnie, celles en provenance ou en destination des compagnies étrangères en trafic direct étant portées directement aux comptes courants de ces compagnies.

Le compte de marchandises en route est tenu sur un bordereau de liquidation spécial. Le liquidateur inscrit sur ce bordereau :

Au DÉBIT.
1° Par le crédit des comptes de recettes, les taxes des expéditions de grande et de petite

Au CRÉDIT.
1° Par le débit des gares et stations, le total des expéditions en port payé et le total

vitesse soit en port dû soit en port payé en provenance et en destination de la compagnie;

2° Par le crédit des gares et stations, les débours à présentation et remboursements suivis sur les expéditions, et les ports au delà payés au départ que les gares d'arrivée prennent à la date d'arrivée des expéditions;

3° Par le crédit du compte de redressements, les redressements au profit des gares et l'annulation des redressements à leur charge;

4° Par le crédit des divers comptes du service central ou des gares, les opérations imprévues qui intéressent ces divers comptes.

des arrivages en port dû de grande et de petite vitesse en destination et en provenance de la compagnie;

2° Par le débit du compte de redressements, les redressements à la charge des gares et l'annulation des redressements à leur profit;

3° Par le débit des divers comptes du service central ou des gares, les opérations imprévues qui intéressent ces divers comptes.

Le bordereau de liquidation des marchandises en route est additionné et balancé. La balance doit être représentée par les débours à présentation et remboursements ainsi que par les ports payés sur les marchandises en cours de transport qui ne sont pas sortis dans les colonnes de liquidation des bordereaux d'expédition. Le liquidateur général joint le bordereau de liquidation des marchandises en route aux autres bordereaux de liquidation de la journée.

Chaque compagnie étrangère en trafic direct a un *compte courant* particulier. Ce compte est tenu sur un bordereau de liquidation spécial, au moyen des pièces émanant des gares de la compagnie et de celles établies contradictoirement et transmises au service central par la compagnie étrangère. Le liquidateur inscrit sur le bordereau de liquidation de chaque compagnie étrangère :

Au DÉBIT.

1° Par le crédit du compte des voyageurs, la part afférente à la compagnie sur les billets délivrés par la compagnie étrangère;

2° Par le crédit du compte des bagages et chiens, la part afférente à la compagnie sur les enregistrements de bagages et de chiens effectués par la compagnie étrangère;

3° Par le crédit du compte des marchandises de grande vitesse, la part afférente à la compagnie sur les taxes des expéditions de grande vitesse soit en port dû soit en port payé en provenance et en destination de la compagnie étrangère;

4° Par le crédit du compte des marchandises de petite vitesse, la part afférente à la compagnie sur les taxes des expéditions de petite vitesse soit en port dû soit en port payé en provenance et en destination de la compagnie étrangère;

5° Par le crédit des gares et stations, les débours à présentation et remboursements suivis sur les expéditions de grande et de petite vitesse en destination de la compagnie étrangère, et les ports au delà payés au départ sur les expéditions de grande et de petite vitesse en provenance de la compagnie étrangère;

Au CRÉDIT.

1° Par le débit des gares et stations, la part afférente à la compagnie étrangère sur les billets délivrés et sur les enregistrements de bagages et de chiens effectués par les gares et stations, la totalité des ports payés au départ sur les expéditions de grande et de petite vitesse en destination de la compagnie étrangère, et la totalité des ports dus à l'arrivée sur les expéditions de grande et de petite vitesse en provenance de la compagnie étrangère;

2° Par le débit du compte des titres à recouvrer, les titres transmis par la compagnie étrangère pour en opérer le recouvrement;

3° Par le débit des divers comptes du service central ou des gares, les paiements effectués par la compagnie étrangère sur les indications et pour le compte des différents services, les redressements opérés par la compagnie étrangère sur les pièces de la compagnie, et les opérations imprévues.

6° Par le crédit du compte de mandats à payer, les mandats établis au profit de la compagnie étrangère;

7° Par le crédit du compte des titres à recouvrer, les titres transmis à la compagnie étrangère pour en opérer le recouvrement;

8° Par le crédit des divers comptes du service central ou des gares, les paiements effectués par les différents services sur les indications et pour le compte de la compagnie étrangère, les redressements opérés sur les pièces de la compagnie étrangère, et les opérations imprévues.

Pour le trafic direct à trois compagnies, il est d'usage que la compagnie de départ tienne compte à la compagnie du milieu de la part afférente à cette compagnie sur les taxes des expéditions transitant sur le réseau du milieu. Dans ce cas, le compte de la compagnie du milieu est crédité, par le débit du compte de la compagnie destinataire, de la part afférente à la compagnie du milieu sur les expéditions soit en port dû soit en port payé qui transitent sur son réseau.

Le bordereau de liquidation de chaque compagnie étrangère est additionné et balancé. Le liquidateur général le joint aux autres bordereaux de liquidation de la journée.

Le réglement du compte de chaque compagnie étrangère se fait par dizaine à la date des expéditions, contrairement à ce qui a lieu pour le compte lui-même établi, comme il est dit plus haut, à la date réelle des opérations de départ et d'arrivée. Pour obtenir ce réglement et contrôler le compte de la compagnie étrangère, il est établi un livre auxiliaire qui comprend le détail par feuilles de toutes les expéditions en trafic direct et les autres opérations de compte courant avec la compagnie étrangère. Ce livre porte des colonnes de liquidation où sont sorties au débit et au crédit, à chaque réglement de dizaine, les sommes comprises dans le réglement. Le livre auxiliaire est additionné et balancé par journée. La balance, qui doit être représentée par le solde des articles non encore sortis dans les colonnes de liquidation, est égale à la balance du compte de la compagnie étrangère et vient contrôler ce compte établi par des moyens contradictoires.

Le compte de redressements est tenu sur un bordereau de liquidation spécial, au moyen de bulletins de redressement établis lors de la vérification des pièces des gares et transmis au liquidateur général avec les pièces rectifiées. Le liquidateur inscrit sur ce bordereau :

Au DÉBIT.	Au CRÉDIT.
1° *Par le crédit des gares et stations, les redressements à leur profit acceptés par elles ;*	1° *Par le débit des gares et stations, les redressements à leur charge acceptés par elles ;*
2° *Par le crédit de la caisse centrale de l'exploitation, les redressements à son profit acceptés par elle ;*	2° *Par le débit de la caisse centrale de l'exploitation, les redressements à sa charge acceptés par elle ;*
3° *Par le crédit des divers comptes du service central ou des gares, les redressements à la charge des gares ou de la caisse centrale de l'exploitation et l'annulation des redressements à leur profit.*	3° *Par le débit des divers comptes du service central ou des gares, les redressements au profit des gares ou de la caisse centrale de l'exploitation et l'annulation des redressements à leur charge.*

Le bordereau de liquidation des redressements est additionné et balancé. Le liquidateur général le joint aux autres bordereaux de liquidation de la journée.

Le liquidateur général établit des états de redressements pour chaque gare et pour la caisse centrale de l'exploitation. Ces états sont balancés par journée, et la balance générale de leurs soldes doit représenter la balance du compte de redressements. Les états de redressements sont transmis, avec les bulletins à l'appui, aux services intéressés.

Le compte des débiteurs et créanciers divers de l'exploitation
comprend, sur un bordereau de liquidation spécial, les comptes
n'intéressant directement ni les recettes ni les dépenses de la
compagnie et se réglant avec les tiers sous la responsabilité
des chefs de service, qui ne nécessitent pas, pour le contrôle
et la justification du solde, de liquidations particulières. Le
liquidateur inscrit sur le bordereau des débiteurs et créanciers
divers :

Au DÉBIT.	Au CRÉDIT.
Par le crédit des divers comptes du service central ou des gares, les opérations à la charge des comptes divers.	*Par le débit des divers comptes du service central ou des gares, les opérations au profit des comptes divers.*

Le bordereau de liquidation des débiteurs et créanciers
divers de l'exploitation est additionné et balancé. Le liquidateur général le joint aux autres bordereaux de liquidation de
la journée.

Toutes les opérations de l'exploitation se trouvent ainsi
consignées sur les liquidations des gares et du service central.
Un compte ne pouvant être débité sans qu'un autre compte
soit crédité, les écritures figurant au débit des liquidations
sont reproduites par les écritures figurant au crédit de ces
liquidations, et les soldes qui en sont la conséquence doivent
se balancer. Afin de s'assurer de l'exactitude de cette balance,
le liquidateur établit une balance générale où sont portés dans
deux colonnes distinctes les soldes débiteurs et les soldes
créanciers des liquidations. Le total des soldes débiteurs est
balancé par le total des soldes créanciers : cette balance affirme
la sincérité des opérations.

Les bordereaux de liquidation avec les pièces à l'appui et
la balance générale sont remis au teneur de livres.

En fin de mois, le liquidateur général établit, à l'aide de
bordereaux récapitulatifs mensuels et des liquidations mensuelles des gares, une liquidation générale des opérations du
mois pour chaque compte qu'il tient. Les liquidations men-

suelles du liquidateur général et du caissier central sont résumées sur une balance générale des opérations du mois.

Toutes ces pièces, certifiées par les gares, le caissier central et le liquidateur général qui les ont établies, vérifiées et visées par les agents chargés de les contrôler et par le chef de service, sont destinées à l'administration centrale pour affirmer la sincérité de la balance générale des comptes et des certificats de recettes et de dépenses.

TENUE DES LIVRES.

Au moyen des bordereaux de liquidation et des pièces à l'appui remis par le liquidateur général, le teneur de livres consigne au Livre-Journal toutes les opérations telles qu'elles sont indiquées sur les liquidations. Bien qu'il n'ait pas l'initiative des écritures, il doit les examiner à l'aide des pièces et signaler les fausses applications qu'il constate.

Les comptes généraux de recettes et de dépenses sont ouverts au Grand-Livre suivant les articles du budget de la compagnie. Le Grand-Livre comprend également les comptes correspondant aux diverses liquidations générales et tous les comptes réunis dans la liquidation des débiteurs et créanciers divers de l'exploitation.

En fin de mois, les comptes sont arrêtés au Livre-Journal et au Grand-Livre, et la balance générale des écritures est établie sur un livre de balance des comptes. Chacune des colonnes de débit et de crédit de la balance générale doit être égale au total du Livre-Journal. Les soldes des comptes de la balance générale, groupés en conformité des liquidations, doivent être égaux aux soldes des comptes de la balance mensuelle établie par le liquidateur.

Le service central envoie chaque mois à l'administration centrale :

1° Les liquidations mensuelles des gares, du caissier cen-

tral et du liquidateur général, comprenant toutes les opérations du mois, avec les bordereaux récapitulatifs à l'appui;

2° La copie du livre de balance, et un état comparatif de
la balance du mois précédent avec la balance du mois courant faisant ressortir pour chaque compte les écritures au
débit et au crédit passées dans le mois;

3° Un certificat de dépenses et de recettes pour chaque
chapitre du budget, et, à l'appui des certificats, un dossier
spécial pour chaque compte composé d'un relevé du compte
et des pièces justificatives des écritures.

Pour les comptes compris dans le groupe des débiteurs et
créanciers divers, il n'est pas fourni de dossiers justificatifs,
ces comptes n'intéressant pas directement la compagnie et
trouvant leur contrôle naturel dans les intérêts opposés des
tiers. La justification d'un ou de plusieurs de ces comptes
n'est fournie que sur la demande de l'administration centrale.
Néanmoins il est fait exception à cette règle pour le compte
des sommes à restituer qui, bien que composé de sommes
appartenant à des tiers, n'est pas efficacement contrôlé par
ces tiers : la plupart des sommes à restituer sont en effet
inconnues de ceux à qui elles appartiennent, et leur restitution
ne peut être toujours opérée. L'administration centrale ayant
intérêt à surveiller l'emploi des sommes non restituées, il lui
est envoyé tous les mois une copie détaillée de ce compte avec
pièces à l'appui.

ADMINISTRATION CENTRALE.

COMPTABILITÉ GÉNÉRALE.

Au moyen des liquidations mensuelles émanant directement des agents des gares et du service central, et par la comparaison des pièces avec les écritures à justifier, l'administration centrale vérifie l'exactitude de la balance et des certificats de recettes et de dépenses envoyés chaque mois par le service central de l'exploitation. Elle passe ensuite les écritures, à l'aide de cette balance et de ces certificats, au Livre-Journal et au Grand-Livre de la compagnie.

La comptabilité générale comprend :
Le compte des Recettes de l'exploitation,
Les comptes de Dépenses de l'exploitation correspondant aux divers chapitres du budget,
Le compte des Débiteurs et Créanciers divers de l'exploitation,
Le compte général du Service de l'exploitation.

Le compte des recettes de l'exploitation comprend :

Au DÉBIT.	Au CRÉDIT.
Par le crédit du compte général du service de l'exploitation, les dépenses effectuées en atténuation des recettes, dont le total figure sur le certificat des prélèvements à opérer sur les recettes brutes de l'exploitation.	*Par le débit du compte général du service de l'exploitation, les recettes intéressant la compagnie, dont le total figure sur le certificat des recettes brutes de l'exploitation.*

Chaque compte de dépenses de l'exploitation comprend :

<table>
<tr><td>

Au DÉBIT.

Par le crédit du compte général du service de l'exploitation, les dépenses intéressant la compagnie, dont le total figure sur le certificat correspondant des dépenses de l'exploitation.

</td><td>

Au CRÉDIT.

Par le débit du compte général du service de l'exploitation, les recettes effectuées en atténuation des dépenses, dont le total figure sur le certificat correspondant des sommes à déduire des dépenses de l'exploitation.

</td></tr>
</table>

Au compte des débiteurs et créanciers divers de l'exploitation sont portées toutes les opérations qui n'intéressent directement ni les recettes ni les dépenses de la compagnie. Ce compte comprend :

<table>
<tr><td>

Au DÉBIT.

Par le crédit du compte général du service de l'exploitation, les dépenses effectuées pour le compte des tiers, dont le total figure sur la balance comparative des écritures sous le titre Débiteurs et Créanciers divers.

</td><td>

Au CRÉDIT.

Par le débit du compte général du service de l'exploitation, les recettes effectuées pour le compte des tiers, dont le total figure sur la balance comparative des écritures sous le titre Débiteurs et Créanciers divers.

</td></tr>
</table>

Le compte général du service de l'exploitation comprend :

<table>
<tr><td>

Au DÉBIT.

1° Par le crédit du compte des recettes de l'exploitation, les recettes intéressant la compagnie ;

2° Par le crédit des comptes de dépenses de l'exploitation, les recettes effectuées en atténuation de ces dépenses ;

3° Par le crédit du compte

</td><td>

Au CRÉDIT.

1° Par le débit du compte des recettes de l'exploitation, les dépenses effectuées en atténuation de ces recettes ;

2° Par le débit des comptes de dépenses de l'exploitation, les dépenses intéressant la compagnie ;

3° Par le débit du compte

</td></tr>
</table>

des débiteurs et créanciers divers de l'exploitation, les recettes effectuées pour le compte des tiers.

des débiteurs et créanciers divers de l'exploitation, les dépenses effectuées pour le compte des tiers.

Le solde du compte général du service de l'exploitation est balancé par le solde du compte courant de l'administration centrale avec l'exploitation.

Une balance détaillée des écritures est établie chaque mois. Les soldes de cette balance doivent être égaux, pour ce qui concerne l'exploitation, aux soldes de la balance détaillée des comptes de l'exploitation.

PAIEMENT DES DÉPENSES DE L'EXPLOITATION
ET ÉTABLISSEMENT DES MANDATS.

Toutes les dépenses de l'exploitation sont payées directement et d'office par le service de l'exploitation et présentées ensuite à l'ordonnancement. Néanmoins, ne sont effectuées que sur l'autorisation préalable de l'administration centrale :

1° Les dépenses intéressant les comptes de premier établissement;

2° Les dépenses ne concernant pas l'exploitation proprement dite;

3° Les dépenses d'indemnités pour pertes, avaries et accidents s'élevant à plus de 200 francs.

Les recettes et les dépenses sont appuyées par des mandats établis en simple expédition ainsi que les certificats de recettes et de dépenses auxquels ils sont joints. Ces mandats sont transmis avec les certificats à l'administration centrale qui, après vérification, en donne décharge à l'exploitation par un accusé de réception conforme.

RÉPERTOIRE.

18044 — Nantes, Imprimerie CHARPENTIER, rue de la Fosse, 32.